Se olvidarán los labios

Se olvidarán los labios

Sofía Marqués Torre

TEXTOS
Sofía Marqués Torre

PORTADA
Sofía Marqués Torre (@niwenart)

MAQUETACIÓN
Andrea Gómez Expósito

NÚMERO DE EDICIÓN
Primera

EDICIÓN
Postdata Ediciones

ISBN
978-84-19411-95-2

DEPÓSITO LEGAL
V-4337-2024

Para mi padre que me dedicó esta frase
con la que quise cumplir mis sueños:
"Para mi hija, que encuentre en la Tierra,
lo que ofrecen las estrellas".

Corazones en Eclipse

El tiempo pasa despacio
sin dar cuenta del pasado,
los pensamientos encadenados
en un solo sentimiento,
entiende lo impropio
de la muerte y la vida,
pues sin corazón ni saber,
¿quién podría ver la verdad
infinita sin haber amado?
Piensa en el cielo, el sol
y la luna, se aman, pero solo
se pueden juntar en los eclipses.
¡Oh! Triste pena,
leve amargura
porque es tan duro
y doloroso el amor prohibido.

La estrella lejana de tus sueños

Si tocar se pudieran las estrellas
con la punta de los dedos
¡Qué pequeño sería el cielo!
¡Qué pequeños los sueños!
Escoge una estrella lejana como sueño
y vive, disfruta el viaje, mientras llegas.

La esencia de un beso

Va la abeja escogiendo
de flor en flor la más bella,
la más dulce, la más serena.
Y se posa en ella y la besa
y le da la flor su esencia,
su alma, su néctar.
Alza libre el vuelo la abeja de nuevo
llevándose en los labios
de la flor un "te quiero".

Se olvidarán tus labios

Se olvidarán los labios
de los besos,
se perderá el recuerdo.
Se olvidarán los ojos
de los cielos,
se perderá en el tiempo.
Y cuando el corazón se cruce
con el corazón perdido
palpitará de nuevo
y borrará el olvido.

La estrella que yo quiero

Dime, Luna,
cuál es la estrella
más alta,
la más lejana.
Cuál es el faro
que alumbra el universo,
donde está mi amor
donde están mis sueños.
Cuál es la estrella que tira y tira
del carro de mis deseos.
Dónde está el amor que brilla en ellos.
Dónde la mujer que lleva dentro
la estrella que yo quiero.

Más que el tiempo

Es más
el tiempo
que el espacio.
Más el amor
que el tiempo.
Más que el amor contado
el amor hallado.
Más que el perdido
el encontrado.
Más el beso
que el suspiro
y más, y más, y más vivir la vida
que morir soñando.

La espada

Que a la verdad la engañan,
la pintan,
la colorean,
la disfrazan.
Que por ser buena la amenazan,
la cubren,
la esconden,
la apagan.
Pero la verdad brilla
y se levanta,
se lava,
se asea,
se asienta.
Se clava en la roca
como esa espada
que solo el justo puede sacarla.

Fragmentos

Del tiempo,
despacio,
se van soltando cachos,
cachos de espacio,
más denso y más compacto,
rocas de amor eterno
de tus labios congelados.
¿No habrá corazón viviente
que caliente esos pedazos?
Que los junte,
que los una.
Que volvieran a besarte
es normal,
no es un milagro.

Frente a frente

Juntos dos mundos
frente a frente mirando.
Uno acá, vivo,
en movimiento,
siempre jugando.
Otro allá,
alto,
callado,
dormido,
al otro lado.
Juntos dos mundos
uno el tuyo
otro el mío,
siempre jugando.

Cuidando tus noches

A esos ángeles,
que sigan cuidándote en las noches,
y a esa mente
llena de sentimientos
y pensamientos.
A esa fuente,
a rebosar de deseos.
Para que el puente,
de la verdad y los sueños,
parta de mi corazón
y llegue al tuyo.

Vela mi amor

Vela la vida,
no como un juez
sino como una madre
en su corazón herida.
Cuida la vida.
La tuya y la mía,
la de quien a tu lado esté,
sin esperar que lo pida.

Pétalos en la lluvia

Salpica la belleza,
como el agua cuando llueve
y queda fuera aunque te empape.
Se desprende la hermosura
igual que pétalos de rosa,
y siembra el suelo
y llena el aire
y el ambiente se transforma en luna llena.
Cuando la rosa caiga,
quedarán los pétalos bañados en lágrimas.

Después de verte a ti

¿Qué criatura es hermosa
después de verte a ti?
No hay caos
ni oscuridad.
El orden y la luz te acompañan.
Resplandecen tras de ti.
Y, desde ahora,
llamaré caos al viento
que tus cabellos agita,
solo a eso.
Después de verte a ti,
¿qué criatura es hermosa?

Eterna la vida

Muere la rosa
y secos quedan
sus pétalos descoloridos
entre páginas de libros.
De libros viejos,
añejos,
leídos,
eternamente absorbidos.
Y mientras llega el final
recordando frases
de esos libros queridos,
de ese amor añorado.
Si la muerte es el final,
¿por qué el amor es eterno?
¿No será eterna la vida
si el amor la acompaña?

Cazadora de sueños

Como la cazadora:
que busques un sueño,
que persigas un sueño,
que alcances un sueño,
y que ese sueño
sea el tesoro
que llene tu corazón.

Acariciando la vida

Como besos al aire,
como suspiros
son los libros
que con tu brisa te acarician,
mueven tu pelo,
y después de leerlos,
cuando estés llena,
vive de verdad
tu vida plena.
Toca tierra,
bebe agua,
pisa fuerte.
Abraza a alguien,
besa a quien te quiera
con besos de carne,
de amor que no son aire.

Hadas en el corazón

Recorre el mundo
la magia
a los ojos
de los niños.
Danzan
y bailan
las hadas
con los gritos
de chiquillos.
Haz que la magia
dure en el corazón
toda tu vida.
Que tus ojos vean
en el mundo
la alegría.

Gritos del corazón

Podrán tus labios
las mentiras aflorar,
diciendo, como en el libro:
¡No te quiero más!
Pero tus ojos lo desmienten,
tu mirada grita:
¡No te vayas!
¡No te alejes!
...que no puedo amarte más.

Brisa

¿Qué me dirás si te digo
que la vida es vida,
que anda, que corre, que vuela,
que no se detiene?
¿Me dirás que es viento?
¿Me dirás que es brisa?
¿O solo aliento?
Si me escuchas, si me oyes,
si me crees... son las tres.
Viento en tus cabellos,
brisa en tus mejillas
y aliento en tus besos.

Dónde va el viento

Dónde va el viento que se va
después de haberte acariciado,
después de enredar tu pelo,
después de secar tus labios.
Dónde va el viento que se va,
llevando tu aroma al pasar.
Quién lo pudiera agarrar,
atrapar el aire
que te llegó a tocar.

Sin ti

Saber que estás,
que estarás siempre.
Saber que estoy,
que estaré siempre.
Esperar, creer,
confiar, amar.
Solo son palabras,
si tú no estás.

Preso de ti

Ver tus ojos cerrados,
labios dicen cerrados,
palpan manos cerradas,
que huelen,
que oyen cerradas.
Te sienten así
los sentidos cautivos,
presos de ti
pero nunca olvidados.

Luz de tu esencia

Dame una luz
que pueda verte,
discernir tu contorno,
brillar tus ojos.
Dame una luz
que te ilumine
y deje ver el alma
como tu rostro.
Dame una luz
que te descubra
sumida en la ternura
envuelta en rojo.

El viaje de mamá

A mamá
que contempla el agua dulce,
loto azul que despierta a la mañana.
Gran Nilo,
que recorre una larga travesía.
Mil alegrías,
mil esperanzas.
Y con ellas escribas con tu pluma,
tu vida en un papiro.

Grabando el tiempo

Sobre el marfil talla el artesano,
representando delicadas figuras,
grabando el tiempo
dichoso de tus halagos.
Lo ensambla con ébano pulido
brillante conjunto en negro y blanco.
Hipnótica figura
que se abraza a sí misma
sin distinguir quién puso
más madera o marfil.

Cicatrices

Huesos rotos
quebrantados por el tiempo.
Nombres olvidados,
ningún recuerdo sobre ellos.
Quién empuña la espada de acero oxidado,
olvidando su humanidad entre sangre y llanto.

Esperanza y anhelo

Cual brisa susurrando,
acarician tus labios mi piel.
Caricias suaves ansiando de ti,
gritando un suspiro.
Vislumbrando sueños en tus ojos,
sonriendo al tiempo.
Dichoso mi corazón
anhelando cual pluma al viento,
ver mi rostro reflejado en ellos.
Qué anhelo, qué esperanza,
espero de ti toda tu alma y tu cuerpo.
Así palpita mi corazón,
pensando en ello.

Sofía Marqués (Zamora, 1996) dio sus primeros pasos en la poesía de la mano de su padre, quien no solo le dedicó muchos poemas desde pequeña, sino que también la enseñó a componer.

A pesar de completar su formación ajena a la literatura (con un Grado en Arquitectura de Interiores y varios Másters en Diseño Gráfico y Web), siempre ha sido una gran amante de la lectura, tanto en prosa como en verso. Además, también tiene en su haber varios trabajos de ilustración, incluyendo la portada de este libro.

Con esta obra, Sofía cumple uno de sus sueños y da el primer salto como escritora, una espinita clavada que siempre ha tenido y que por fin puede sacar.

Índice

Corazones en Eclipse 9
La estrella lejana de tus sueños 10
La esencia de un beso 11
Se olvidarán tus labios 12
La estrella que yo quiero 13
Más que el tiempo 14
La espada 15
Fragmentos 16
Frente a frente 17
Cuidando tus noches 18
Vela mi amor 19
Pétalos en la lluvia 20
Después de verte a ti 21
Eterna la vida 22
Cazadora de sueños 23
Acariciando la vida 24
Hadas en el corazón 25
Gritos del corazón 26
Brisa 27
Dónde va el viento 28
Sin ti 29
Preso de ti 30
Luz de tu esencia 31
El viaje de mamá 32
Grabando el tiempo 33
Cicatrices 34
Esperanza y anhelo 35